OBSERVATIONS

SUR

LES HUMAINS

PAR

BOUET

Confiseur à Nimes.

———

NIMES

DE L'IMPRIMERIE CLAVEL-BALLIVET ET Cᵉ

RUE PRADIER, 12

—

1865

OBSERVATIONS

SUR

LES HUMAINS

PAR

BOUET

Confiseur à Nîmes.

NIMES

DE L'IMPRIMERIE CLAVEL-BALLIVET ET Cᵉ

RUE PRADIER, 12

1865

A M. DESCOUS [*]

Capitaine d'état-major, chevalier de la Légion d'honneur et de plusieurs ordres.

[*] Oncle de l'auteur.

PRÉLIMINAIRES

Mes Enfants ,

A l'exception de la force, toutes les solutions sont difficiles, et pour tous les hommes, aussi bien pour ceux qui , riches, ont fréquenté le collége que pour ceux qui , n'ayant pas les moyens d'acheter le savoir, ne s'instruisent que par la pratique du monde.

Ainsi, traiter les choses de l'entendement humain , c'est débrouiller le chaos et en dégager les trois éléments dans lesquels se résument les différents sentiments de l'homme.

Le premier élément est l'essence innée qui donne à l'homme ses diverses facultés, soit de la tête où se fabriquent toutes ses idées et où elles arrivent , soit du cœur d'où partent les impressions qui ; à chaque âge de la vie, forcent notre volonté à suivre la véritable nature.

Le deuxième élément, c'est le choix moral résultant soit de sa volonté propre , soit des tableaux qu'on lui présente par la vue ou par le langage et qui ainsi pénètrent dans son intuition.

Le troisième élément, c'est la manière dont chacun reçoit l'impression que produit la crainte de la force intimidative, qui fait suivre la volonté générale.

Cette crainte joue un grand rôle dans l'humanité ; chaque homme lui paie un triste tribut de douleurs, en attendant son opposé, le sentiment de la joie. — Dans toute sorte de gouvernement, les gouvernants ont le droit de se faire craindre ; mais le plus mauvais de tous est celui qui punit le sentiment, même sans qu'il se soit manifesté par des actes , car il s'expose à détruire un être qui, à un autre âge , pourrait changer de sentiment.

Comme ces éléments ont d'extrêmes différences dans chaque individu , et que chacun se conduit soit d'après son instruction , soit d'après sa position de fortune, les idées sont extrêmement diverses, parce que dans l'instruction comme dans la fortune il y a des degrés infinis.

Voici deux idées véritables et éternelles qui ont passé de siècle en siècle :

La première est l'existence d'un Père éternel au trône duquel notre vue spirituelle ne peut pas arriver. Cette idée nous prend au moment où notre raison s'éveille, et nous donne la foi, principe de la conscience religieuse.

La deuxième est le droit de propriété de notre personne, de notre parenté et de la volonté de notre entendement, de s'approprier le bien-être par la fortune. En vertu de cette deuxième idée , le père doit développer les facultés de ses enfants et leur apprendre à respecter le droit d'autrui , afin qu'on respecte le leur et leur liberté naturelle ; le père est donc, jusqu'à 21 ans, le débiteur de ses enfants qui , à leur tour , deviennent les débiteurs de leur père, quand il a 60 ans.

Il en est de même de la paternité des gouvernements : elle doit durer tant que dure la soumission des sujets.

Mes enfants, lorsque je vous dis des choses que vous ignorez, ou que je vous les renouvelle, ou que je les crée, si vous croyez que je me trompe , ne soyez point troublés et ne me supposez jamais de mauvaise intention ; je n'ai pas appris le mensonge impalpable pour faire servir la parole à déguiser la vérité de ce que je pense.

S'il est permis à l'homme, par la portée de son esprit , de concevoir et rassembler quelques idées véritables, en les débrouillant des erreurs douces ou malheureuses, afin de vous les donner en leçon, je suivrai consciencieusement mon jugement, éclairé par l'expérience, pour mettre ces idées sur la scène du monde, en me conformant aux mœurs actuelles ; car chaque époque des siècles passés a eu ses idées particuculières, et quoique par le passé on juge souvent l'avenir, je ne veux chercher que ce qui existe, sans rien supposer de l'avenir, car l'homme ne connaît pas les décrets de l'avenir.

Je veux vous tirer de la confusion métaphysique, afin que vous ne soyez pas de ces hommes sans principes, qui se jettent dans de folles idées qui entraînent le découragement.

Notre adversaire est le malheur : il faut lutter contre lui avec courage, comme font ces jeunes gens qui montrent leur adresse en public en s'amusant de la force des taureaux sauvages.

Le manque de lumière est un malheur qui vous dégrade, et compromet vos intérêts et votre position.

Puissent mes inspirations vous servir de lumière, en vous donnant un moral guidé par les connaissances que vous aurez puisées avec sagesse dans le bon sens, afin que vos pensées vous élèvent au dessus des illusions communes.

Demandez à l'Esprit céleste, par l'entremise de la vertu , les lumières dont vous avez besoin pour conserver vos sentiments bons. Il vous aidera en vous donnant le pouvoir de modérer vos actions. N'étant qu'un divisé de la grande division, étant si peu de chose, vous devez vous confier à Dieu et vous défier de vous-mêmes.

Pour moi, le peu que je sais me montre la profondeur de ce que j'ignore. Je ne me propose pas d'attaquer les vérités dogmatiques de la foi : je pose simplement les vérités naturelles, afin qu'on puisse reposer son esprit sur les vérités éternelles.

PREMIÈRE OBSERVATION

PRINCIPE HUMAIN

Comme les hommes viennent de Dieu, je suis forcé de partir de cette hauteur.

Désir impuissant que cette idée qui meurt avec notre corps, et qui aspire à connaître le Dieu éternel ; il faut donc que, dans la limite de notre esprit, nous fassions une supposition : cette supposition nous permet de voir l'esprit de Dieu par la vertu qu'il donne aux soleils de former par leur fluide solaire des planètes comme notre terre d'où a dû sortir l'homme.

Ces soleils venant d'un principe vivant, c'est Dieu qui les vivifie.

Notre globe, créé par la prévoyance de Dieu, qui s'est manifestée sous la forme de fluide solaire, notre globe a grossi avec le temps, et, sorti des eaux, s'est solidifié ; de lui sont sortis les animaux et les plantes aquatiques ; plus tard sortit la végétation en plein air, les animaux se sont croisés en plusieurs races, et peut-être la race humaine est-elle venue par le désir envieux des femelles, ou par l'air, qui est le messager vivifiant de Dieu, qui féconde la végétation, et que tout être vivant respire. Peut-être aussi l'air a-t-il désiré d'avoir des formes qui l'aidassent dans les fonctions du globe ; car l'homme est d'abord soumis à la terre, pour soumettre la végétation à sa nourriture.

Mais je finis toutes ces suppositions, puisque l'homme ne peut pas comprendre l'infini, soit de l'espace, soit de la durée ; son intelligence est trop matérielle et son esprit trop borné : nul ne peut trouver ces trois solutions.

Quant à moi, c'est ce que l'esprit peut concevoir que je veux démontrer, aussi brièvement que je le pourrai, pour ne pas fatiguer l'attention ; car il est rare qu'on puisse faire comprendre ses idées telles qu'elles se présentent à nous.

L'homme est formé d'un ébat sensuel qui provoque la généra-
tion.

Le fœtus se formant dans les reins de la femme qui l'a conçu ,
peut, grâce au fluide qui le vivifie, vivre pendant l'époque fixée
par la nature. Quand le terme de la gestation est venu, la femme
l'expulse au dehors, et alors ce fœtus, tombant dans l'air , fait
des mouvements ; il se trouve soulagé dès qu'il ouvre la bouche,
parce que l'air , son fluide naturel, pénètre dans ses poumons
qui étaient vides et préparés à le recevoir. Cet organe (le pou-
mon) fonctionne comme un soufflet ; la masse d'air qui entre par
la bouche en sort, et il en reste cependant assez pour conserver
la vie et former le mouvement artériel ; c'est ce mouvement qui
donne la chaleur à toute la petite machine, et à l'homme d'abord
l'esprit et plus tard des idées. Mais ce petit germe qui vient
d'éclore peut être comme un dictionnaire des sentiments humains ; car, de germe en germe, en remontant à la source des
hommes, ils se reconnaîtraient tous cousins, et c'est ainsi qu'il
peut avoir en lui une parcelle de tous les sentiments dont sa nature est constituée , surtout si l'on considère que sa substance
n'est guère matérielle.

Pour prouver cette dernière assertion, qui peut paraître au
premier abord une hyperbole, prenez votre poids de bois vert ,
mettez-le au feu et pesez la cendre qu'il aura produite ; la por-
tion matérielle de votre être aura ce poids. La petite partie de
matériel qui a servi au germe lui donne la ressemblance de ses
parents, surtout si l'enfant est élevé dans les mêmes mœurs , le
même travail et la même nourriture que son père. Ayant vu son
père à 50 ans , le voyant lui au même âge, vous diriez qu'il lui
ressemble comme une goutte d'eau à une autre.

La nature nous fait ainsi remplacer l'un par l'autre, pour que
l'humanité ne vieillisse jamais.

L'homme est donc d'essence passagère , mais l'esprit lui
donne l'idée de se conserver heureusement ; tout s'emploie
pour son contentement et pour satisfaire, chez les trois quarts des
humains, à la cupidité occasionnée par les besoins vaniteux.
Cette idée va jusqu'à lui faire commettre des folies : mentant aux
uns, se rendant facile pour plaire aux autres, se renfermant dans
une attitude réservée ou fière pour inspirer le respect ou la
crainte. Enfin l'orgueil de l'homme le pousse quelquefois à exclure

la fraternelle égalité d'une commune mère, la terre, qui fournit aux premiers besoins de tous.

Cependant la prévoyante nature a pourvu l'homme d'une sorte d'amour-propre : l'honneur, qui tient la balance entre l'intérêt particulier et la justice, ce qui fait que, selon les circonstances, celui qui trouve rend ou ne rend point ; mais celui chez qui on perd est obligé de rendre, sans quoi il abandonne l'honneur, qui est le pivot de l'estime et de la considération.

Mais il peut arriver que l'homme oublie le respect que lui transmet le sentiment vertueux, et qu'il suive une sorte de morale artificielle qui l'apprivoise à l'intérêt d'autrui. Comme, à chaque âge de la vie, il pousse quelque nouvelle idée, les hommes sont si divers dans leurs opinions que chaque individu croit se conduire de son mieux, ce qui fait la destinée de chacun.

Afin que l'intérêt particulier n'éveille pas dans les masses des sentiments nuisibles à l'intérêt général, on les moralise par la persuasion, on leur donne des idées communes. C'est constituer des hommes, mais des hommes ignorants, puisqu'ils consentent à ignorer des choses qui les regardent, étant à la portée de leur esprit, et auxquels tout semble merveilleux, quoique la plus forte joie et l'extrême crainte puissent seules produire des effets merveilleux, celle-là en bien et celle-ci en mal.

Chaque famille a ses nuances de mœurs qui, selon sa position, attachent à ses actions une importance bonne ou mauvaise. L'excès de l'amour-propre porte l'homme à vouloir dominer, parce que ainsi il peut satisfaire ses plaisirs voluptueux et son ambition ; il se sert des armes de la parole pour bouleverser les idées d'autrui et les diriger dans des sentiments vrais ou faux, selon son intérêt. Il y réussit souvent, parce que nous aimons d'être flattés dans l'erreur.

O monde, tu as deux précipices à craindre : l'erreur blâmable qui est l'enfer, et l'erreur douce, le purgatoire !

Quand la parole, armé pour dominer, ne suffit pas, l'homme appelle ennemis ceux qui ne veulent pas l'écouter et se sert des armes matérielles. Arme morale ou arme physique, c'est toujours à la force qu'on a recours pour intimider ses adversaires. Quant aux crédules, ils restent amis, mais dupes toute leur vie.

Les facultés des hommes sont très variables, celles de l'intelligence en particulier : chez l'un elle est forte, chez l'autre faible, chez celui-ci profonde , chez celui-là bornée ; d'où il suit que les sentiments de la raison morale sont divers chez les individus et à chaque âge de la vie.

L'âge le moins divers, c'est l'enfance ; car alors les mœurs et l'amitié rapprochent les enfants et l'intérêt divers des passions ne les divise pas encore.

Si vos actes vous donnent une position, que ce soit suivant les règles légales qui vous obligent à suivre les devoirs des hommes appris ; car, à 40 ans, l'homme connaît le pivot , ce dieu matériel de métal : il est jaloux des positions d'autrui. Cette première lueur l'éblouit de l'éclat artificiel de la fortune , il veut chercher plus que le nécessaire et il n'a pas la lumière de voir que les possesseurs fortunés se disent le cœur bien né pour conserver ce qui leur appartient.

Défiez-vous des flatteurs qui amorcent les ignorants à s'offenser entre eux.

L'homme naît-il toujours normal ? Non.

Son physique peut-il se corrompre dans le germe ? Oui.

Cette nature tend-elle à se perfectionner, étant né ? Oui.

Les mœurs peuvent-elles corrompre le physique naturel ? Oui, ainsi que le moral peut faire tomber les humeurs des hommes en confusion, et la confusion est la perte de l'esprit et du corps que la mort guérit après de très longues souffrances.

Ainsi , l'intérêt n'a pu développer chez le peuple la raison ; elle n'est qu'à moitié développée , et l'instinct remplace le sous-entendu.

Gardez le silence sur les causes secrètement mystérieuses de la force et sur les causes secrètement vertueuses de la religion ; les conséquences doivent être aussi mystérieuses, parce que l'on ne doit pas savoir ce que le précepteur ignore. Il suffit de voir le sceptre moral pour guider les méchants. Ce sceptre moral a une double puissance : le respect qui naît de la religion et la force que donne le droit politique ; la religion inspire le respect dû au droit d'autrui et la force inspire la crainte qui amène ce respect. La morale, prise dans le respect, et la crainte, née dans la force, forment la chaîne : ce sont comme les deux bras de la société, qui doivent être unis, quoique deux corps différents ; si l'un d'eux abuse de son pouvoir , la chaîne se rompt et alors on tombe dans ces deux excès : c'est le gouvernement formé par la solidarité des riches, ou bien celui d'un démagogue pauvre et considéré ou d'un riche mécontent qui se met à la tête du peuple. Les deux ordres, l'aristocratie et la démocratie, conduites par la théocratie, finiront par s'entendre et se concilier comme vérité éternelle, mais après plusieurs commotions dont chacune aura fait perdre un peu de leur pouvoir aux idées théocratiques ou aristocratiques, dont quelque éclat se détache toujours, comme d'un arbre, pour tomber dans le domaine démocratique.

Plus une famille a de bouches, plus elle souffre de l'impôt indirect, et nous avons vu, en 1848, qu'on voulait établir l'impôt progressif, ce qui était une attaque contre la grande propriété. Les fiefs constitués par la politique des Francs, sous Clovis et ses successeurs, les terres défrichées par les ordres religieux et les domaines des grands seigneurs de l'époque ont été successivement soumis aux impôts dont ils étaient exempts d'abord.

Je dis que théocratie, aristocratie, démocratie se concilieront, car le bien et l'ordre l'emportent toujours sur le mal et le désordre, et les hommes de toutes classes ont besoin de s'entr'aider, soit par le respect que recommandent ceux qui sont payés pour parler au nom de la religion, soit par la force qui contient.

On ne doit pas craindre que l'instruction nuise ; nos facultés sont si faibles et si paresseuses qu'il y aura toujours trop d'ignorants qui ne connaîtront pas le langage scientifique, lequel doit être l'apanage de ceux qui gouvernent. Ce moyen de gouverner ne manque pas aux riches : ils ont appris, par l étude des siècles passés, à dominer finement, à conserver l'acquisition à l'aide des lois qu'ils font et qu'ils soutiennent de la bouche et des armes.

Malgré ces anciennes idées, ils sont forcés de limiter leurs connaissances suivant leurs capacités et d'ignorer beaucoup de choses ; car l'esprit ne s'achète point, et c'est la justesse qui fait l'homme. Nous ignorons tous quelque chose, qui plus, qui moins. Quoique les vérités soient cachées au fonds d'un puits, l'homme libre peut en tirer quelques lambeaux pour éclaircir ceux qui ne se laissent conduire que par la matière, comme la brute esclave de l'homme qui ne suit que l'impulsion sensuelle.

Aperçu des différents hommes, en partant d'un sentiment jusqu'à son opposé dans le même sentiment ; intermédiaires formant les divers degrés d'une règle générale.

1° Sentiment d'honneur.

Depuis l'homme de bonnes qualités et de grands mérites, conduit par des idées d'intuition à vivre le plus équitablement possible, qu'on honore, qu'on estime et qu'on respecte, jusqu'à son opposé, l'immoral scélérat, malin à faire le grand mal. Mais l'esprit commun, représenté par les jurys, punit ce scélérat par crainte des récidives.

De l'homme de bon sens, dont la lucide vertu lui fait observer les règles, à son opposé, le méchant, qui ne respecte rien dans sa confuse conduite, et fait le petit malin en faisant le mal.

De l'homme de talent qui raisonne les principes avec pensées claires et prudentes, en société d'amis du plaisir ou camarades de même position, et qui est politique en société nationale, à son opposé, la routine confuse qui ne sait pas connaître les principes et qui porte l'ignorant à croire tous les autres comme lui.

Du chéri et ami, au méprisé ennemi.

De celui qui flatte toutes les opinions, lesquelles sont des idées qui meurent avec lui, à celui qui révèle les siennes.

Du riche, dont l'avenir est court, car tout riche dont l'avenir est long n'est pas riche, mais est entre deux, puisqu'il n'a pas de joie à tenir au plaisir, à son opposé le pauvre, à qui la crainte de ne pas avoir de table mise impose un devoir fatigant qui lui fait trouver l'avenir long. D'où il suit que l'avenir est la seule différence entre le riche et le pauvre ; car le présent sans l'avenir n'est rien qu'un fragment de corde de violon qui fait un grand nombre de vibrations à la seconde.

De l'honnête, modeste, décente vertu, en descendant à l'intempérance et à l'impudicité qui dépravent les corps par les orgies.

De l'homme d'esprit et savant, au sot, idiot imperfectible.

De la clarté des jeux de mots à la passion de la colère intimidative enfantant les ténèbres.

De l'équité et la sagesse naturelles de tout être bien organisé, au cerveau sec et racorni qui n'a que le sentiment de la bouche, et rendant ses assujettis très pénibles, homme sans essence ou

parfum et qu'on doit connaître à sa mine , comme le melon,
pour le bien choisir.

Enfin, de la subtilité à traiter les hommes selon leur mérite (ce
qui est difficile, car chacun a son bon côté de sa besace qu'il montre pour mériter la flatterie), au sot grossier qui ne veut rien voir
que sa médisance pour nuire.

Vous voyez que la vie est un tissu de vertu et de folie , et que
pour faire un homme capable d'observer l'histoire et les langues,
seule différence entre les hommes et les livres des anciens philo-
sophes, qui donnent un corps à toutes les idées, avec une fiction
analogue à la conduite de ces idées , il faut l'argent, moteur de
la considération , par lequel on peut acquérir les sciences, si on
est secondé par son génie ; car , sans argent, on ne se procure
qu'une éducation commune. Avec l'argent, on peut servir de mo-
dèle à sa race, pour faire triompher la raison de son antagoniste,
la folie capricieuse. Poussée par les humeurs compactes, la raison
doit sortir de la conscience , et la conscience de la bonne morale,
comme si elle nous descendait du ciel , et revêtue de bons exem-
ples , en s'imposant la volonté de vivre honnête homme pour se
faire chérir et estimer de sa race, selon la force de sa consti-
tution.

Donc voici que le père vous lègue un bon esprit , la mère un
corps robuste, et la loi un bon héritage. Avec ces qualités, on
peut porter le fardeau de la paternité sociale ; au lieu que si
l'une manque, il faut borner ses générosités pour arriver au but
d'éviter mainte crainte et remplir les devoirs que notre qualité
nous impose.

Le premier devoir d'un père envers ses enfants est d'être juste,
de réprimer leurs erreurs sans faiblesse , et de ne point tyran-
niser leur bonne volonté , car les enfants suivent tous ses exem-
ples. Il doit aussi se conformer aux bonnes mœurs , car si le
père ne comprend pas la religion, l'enfant tombe plus facilement
dans le vice et risque de périr à la fleur de son âge. Nous naissons
tous religieux , et il faut 30 ans d'observation pour être philo-
sophe ; et puis , en vieillissant , on perd ses facultés , et pour
notre mémoire il faut des choses faciles à comprendre en prêtant
des idées à ce que nous ne pouvons pas comprendre.

Le premier devoir de l'homme est le soin de sa conservation,
de la protection de ses frères et proches parents, et de la civilité

au prochain, envers lequel il ne faut pas être importun. Evitez ces gens qui prétendent se suffire à soi-même, ne veulent rien recevoir de vos égards, portent leur malice peinte sur leur figure, ne fréquentent que le mal et ne cherchent qu'à nuire à autrui. Ecoutez ce proverbe : « Dis-moi qui tu hantes, je te dirai qui tu es. » Choisissez donc vos connaissances ; qu'ils sachent ce qu'ils doivent à autrui pour savoir ce qu'autrui doit à eux-mêmes, au prochain et à Dieu.

Dieu nous gouverne comme il veut : il lui plait de nous faire perdre en vieillissant jusqu'à la dernière idée juste, et d'envoyer notre raison dormir avant le corps. Après 9 fois 10 ans, halte la faculté humaine ! Prête des idées tant que tu voudras à l'incompréhensible éternité. Que le Père, le Fils et le Saint-Esprit ne font qu'un, c'est la principale cause dogmatique.

Mes enfants, faisons loger la vertu dans la maison fragile et de peu d'importance qui n'est faite que pour obéir à la volonté suprême. C'est Dieu qui a fait notre nature et fixé notre destinée ; mais nous la conduisons, nous pouvons nous perfectionner par le savoir. Nous distinguons le bien du mal, et sommes maîtres de choisir. Dieu, vérité et bien, sont synonymes comme leurs opposés, diable, erreur et mal. Or, ces termes de bien et de mal ne sont autres que la joie et la crainte. Le bon curé de village, pénétré de son saint ministère, fait sa joie du bien, et cette joie s'imprime sur son visage ; de même, chaque crainte qui trouble notre esprit, marque son empreinte faible ou forte sur notre physique.

Dans notre propre chemin de la vie, nous sommes punis par des maux corporels de tout excès contre notre nature. Après une grande passion produite par quelque crainte envers l'intérêt divers, viennent les douleurs : mauvaise vie, mort douloureuse. Voyez ce guerrier courageux qui va contre la crainte intimidative : il se sacrifie pour arriver à la joie des honneurs et éviter la crainte de n'être pas respecté.

Une guerre volontaire, et par plaisir ou par jalousie, c'est le suicide d'une nation ; mais une insulte grave et préméditée à nos possessions, ou un démenti à un ministre chargé de régler nos conditions dans un congrès, sont les sources ordinaires qui mettent les milices en danger de se combattre et les rendent malheusement ennemies.

DEUXIÈME OBSERVATION

DE L'ORDRE POLITIQUE

Les hommes, dans l'univers, vivent principalement sous la volonté suprême de Dieu ; mais ce puissant génie nous laisse assez de liberté pour nous organiser en démocratie nationale, afin que la volonté de chacun soit réglée, en ce que nous appelons politique d'une société nationale qui est le droit qui constitue la fortune des uns ou le sort infortuné des autres qui sont privés des honneurs et cependant obligés à des services politiques parmi les nations.

Quand la paix règne sur la terre, tous les hommes sont amis, excepté les larrons, ennemis de l'ordre. Pour se conserver amis, il faut que les hommes forment une société nationale, et pour se gouverner entre eux, il leur faut des lois qui fixent les droits et protégent à la fois l'intérêt particulier et l'intérêt général. Ces lois qui nous régissent sont des règles qui doivent être vraies et prudentes : vraies, en tenant le milieu entre celui qui commande et le grand nombre de ceux qui sont soumis, afin que chacun fasse son devoir, sans nuire aux droits d'autrui.

Les lois doivent être exécutées, sans cela on n'aurait qu'une société de malfaiteurs, privée de tous droits. Quoique le milieu soit difficile à saisir et que l'exploitation des bras y rentre, l'homme se soumet à l'empire des lois pour éviter le pire, l'anarchie.

Tout le monde perd et personne ne gagne dans le désordre qu'amène la révolte des anciens gouvernés qui font peur à ceux qui commandaient auparavant, et peuvent pousser leurs folies jusqu'au pillage qui fait perdre jusqu'au nom d'une société; car il peut décider les étrangers à venir piller. Aussi les hommes réunis doivent se confier aux plus subtils en talent diplomatique, lesquels traitent, pour l'Etat, en qualité de plénipotentiaires, et forment une puissance , soit pour défendre leur société, soit pour faire des conquêtes sur les sociétés étrangères, si des raisons nationales les commandent.

Les lois font vivre les hommes ensemble, malgré leurs intérêts différents ; car une société n'est constituée qu'en faveur de l'intérêt particulier des familles ou de l'intérêt que représente la volonté générale, et elle se compose de trois castes :

La première est la foule, dont les yeux sont fermés par l'ignorance, mais qui, par le droit de ses bras, veut son pain quotidien pour satisfaire sa faim. La nécessité exclurait la civilité de cette foule, et, sous l'empire des idées de force, elle serait portée à conquérir son pain ; mais la douce théocratie tempère cette masse de volontés et les plie au destin que Dieu leur a préparé. C'est pour cela que les sociétés contruisent pour cette foule des édifices qui, par leur structure, semblent descendus du ciel : là, par l'entremise d'une parole douce ou foudroyante , on leur enseigne les vérités dogmatiques, on les menace de peines terribles ou on leur promet le partage éternel du ciel.

La deuxième caste est la bourgeoisie. Est bourgeois, depuis nos libertés, tout homme ayant assez de fortune pour vivre sans être au service d'un autre , et que son savoir peut conduire aux charges inférieures de l'ordre civil, en cas de besoin. Mais il faut qu'il comprenne ses droits, autrement il n'est qu'un bourgeois ignorant comme la foule, et se laissant flatter comme elle. La bourgeoisie aurait bien l'esprit et le savoir politique , mais sa fortune est trop divisée, et ses opinions personnelles aussi , pour former le colosse gigantesque d'un gouvernement actuel.

La troisième caste se compose des familles de haute futaie , considérables par les places qu'elles occupent : matadors qui se donnent la prérogative de noblesse non contestée, puisqu'ils se la donnent à eux-mêmes et se permettent l'honneur de titrer leurs sujets du peuple. La fortune de leurs pères a exercé leur esprit et leur sert d'armes contre la foule qu'ils savent soumettre par l'éloquence de leur langage.

Aujourd'hui que ces castes sont sous l'effet de la loi qui nous déclare tous égaux, le bourgeois voudrait devenir très riche, afin d'arriver à la science, aux emplois éminents, de revendiquer le droit naturel d'être noble après Dieu ou renverser la partie adverse. En tout cas, il est plus facile de démolir que de reconstruire un gouvernement.

Malgré ces intérêts différents, les hommes doivent vivre avec la civilité ordonnée par les magistrats ; respecter les lois et avoir des mœurs honorables et de la religion.

De ces trois classes, chacune entend à sa manière ces trois vérités éternelles : Dieu, la propriété, la famille.

La première de ces vérités forme une doctrine bien longue, parce qu'on lui prête toutes les bonnes idées, tant anciennes que modernes. La seconde est le pivot autour duquel tourne le monde, et cette roue de la fortune est l'intérêt capital. La troisième, quoiqu'elle découle de la seconde, s'en sépare du moment que l'enfant est né et a pris une volonté qui le distingue des immeubles, c'est-à-dire de la propriété légale.

Dans nos lois actuelles, la paternité est un lien naturel. Le gouverneur est père de ses sujets, tant qu'ils lui demeurent soumis, et les lois lui donnent le pouvoir de réduire les larrons à l'obéissance et de juger toutes les réclamations. Dans ce sens là, plus le père est équitable, plus la joie est grande. C'est le bonheur d'un peuple de préférer les doux principes de la fraternité aux hasards de la naissance. Le savoir et la fortune produisent la discorde en suscitant les besoins vaniteux. Mais il est impossible de vivre dans l'équité, parce que c'est l'humeur qui gouverne les quatre cinquièmes des hommes, et l'habitude des travaux matériels produit des humeurs différentes de celles du travail spirituel.

Cherchons le possible — c'est la véritable politique — entre l'équité qui consiste à ne pas vouloir le superflu et l'anarchie qui est la terrible discorde. Cette politique, conforme aux humeurs des hommes, douce pour les uns, auxquels il suffit de montrer le bon chemin ; violente pour les autres, qu'il faut forcer à tenir le bon chemin. Ainsi imposons-nous le gouvernement que nos faiblesses nous imposent, en supportant l'opinion tirée des humeurs d'autrui, quoiqu'elle ne soit pas la nôtre. Laissons commander l'Etat par ceux qui tiennent déjà la puissance métallique, représentée par la succession de grands domaines ; que l'élection leur donne les places, s'ils ont le mérite ou si c'est leur droit. Elus par la foule, ils sont placés entre le devoir promis de soutenir la multitude par des lois démocratiques , et de laisser éparpiller les fonds, et leur propre intérêt de soutenir les lois aristocratiques par des impôts indirects qui ne touchent que les bouches sans toucher les fonds, tandis que l'impôt progressif ne toucherait que les fonds et aboutirait au communisme en supprimant tout superflu.

Ainsi tout pauvre sensé ne doit pas désirer d'être martyrisé en siégant là où il ne doit y avoir que des opulents ; car la France doit suivre l'impulsion des politiques étrangères pour soutenir la dignité de son aigle , n'être pas méprisée par les autres nations, pouvoir favoriser un grand commerce et compter pour une puissance digne de faire des propositions dans les diètes générales. Les peuples doivent être soumis et ne pas rendre les gouvernés trop pénibles par de vains besoins, afin de ne pas arriver à ces mauvaises armées civiles. Il faut tenir l'équilibre entre le droit de vivre de la force démocratique et le droit de propriété des riches. Il faut qu'il y ait des opposants, autrement le premier pourrait descendre jusqu'à la bêtise, et le second à l'entente des matadors pour l'asservissement des bras et la culture des domaines. Si les assujettis ne revendiquaient plus leurs droits, les matadors feraient à leur tour faire opposition, à l'extérieur, non avec des raisons que le vent emporte, mais avec la force démocratique.

Mes enfants, je vous dois la sincérité. Je peux me tromper , mais non vous tromper. L'honneur et la vertu exigent qu'on fasse son devoir en conscience ; mais je n'ai pas la science infuse dans ma tête. D'ailleurs, le plus savant ne peut pas connaître toutes les causes et peut se tromper sur les conséquences. J'ai demeuré quatre années dans l'erreur , en croyant possible un gouvernement anti-monarchique ; je ne croyais pas si puissantes les racines de l'ancien gouvernement, et m'imaginais qu'une révolution équitable et universelle pouvait avoir lieu sans baïonnettes. Voyant que les deux opposés ne pouvaient jamais s'entendre, je me suis désabusé ; j'ai vu que les biens fonds sont des propriétés qu'on se transmet successivement et qui ne tombent plus dans le domaine public. Le plus fort, c'est le maître. Un homme faible, mais associé à la nation, est le plus fort, parce qu'il a pour lui la force armée.

On peut en dire autant de la femme, quoiqu'elle soit la plus faible. Il semble que la nature l'a destinée à ces petites affaires du ménage ; aussi veulent-elles avoir cette prérogative, et pour l'atteindre, elles emploient tout : charmes, finesse, ruse ; et si l'homme ne feint pas d'ignorer tout ce manége , il la rend mécontente. Mais parfois elle abuse et méconnaît le droit de la force de son mari , lui manque de respect ; elles se rendent solidaires de leur sexe par un bourdonnement contre la forte volonté de l'homme. Celui-ci, confiant dans sa force, cède , croyant pouvoir ressaisir l'autorité. Adieu ! l'habitude est prise, et. pour la détruire, il faudrait la dissolution du mariage. Il ne reste à tout homme de bon sens que sa force pour se révolter, plutôt que d'abandonner sa position. ses enfants, sa famille, ses amis ; car c'est à cette extrémité que le réduirait la société conjugale telle que l'ont faite les lois, symbole de la force des hommes , si la femme n'écoutait que sa ruse contre le soutien légal de ses enfants.

Quant à la société politique, comme il n'y a plus de domaines publics à partager, le pauvre deshérité ne peut que glaner, grapiller, avoir de bons nerfs dans les bras et l'honneur pour balance , afin que s'il acquiert à la sueur de son front une petite part, il puisse en tirer tranquillement l'usufruit. Toute politique qui interdirait la possession au pauvre provoquerait une révolution , car la propriété est une vérité qui vient immédiatement après celle de Dieu.

Dieu et la propriété, ce sont là deux vérités ; mais il ne faut pas en abuser.

Que Dieu préside l'univers , fort bien ; mais ceux qui font les mots dont chacun a un sens et qui en font des tableaux doivent se garder d'en faire de sanguinaires ; car l'homme est si faible que, de pieux, il peut devenir superstitieux et cruel , faire le mal en croyant faire le bien.

Quant à la propriété , il faut remarquer que ce ne serait peut-être pas un mal qu'une loi limitât la possession foncière ; le globe est comme un table, si l'un y prend tout, l'autre n'a rien.

Le privilége de posséder de grands biens et régir les hommes est accordé au savoir fortuné ; les riches instruits se font, pour leurs besoins, les patrons du peuple. Celui-ci a soin de ne pas les heurter , car il sait qu'à tort ou à raison ils sont toujours applaudis. Commander est leur apanage , comme obéir est l'apanage de la misère et de sa jumelle l'ignorance. Le destin rend les pauvres sujets de la politique, parce que le riche peut acheter un homme qui le remplace dans les querelles de nation à nation, et sous le toit paternel vivre paisiblement, s'il est sage à ne pas acheter l'honneur de la sœur du remplaçant.

Pauvre indigent qui ne vis que de l'ombre de ta volonté, ta brassière est soutenue par trois : le juge de paix, le prédicateur et le médecin ; tu ne vois pas les causes pour ne pas subir les conséquences des peines , sans avoir les honneurs du monde. Voilà d'où dérivent les dominés, et que tout dominant ne peut être révoqué de ses droits que pour des causes légitimes.

Paysans, corps de la nation, élevés tous dans le même sanctuaire d'un village, ne formant qu'une seule famille pleine de bonne foi, on ne craint pas de vous des révolutions : vous n'avez le temps que de produire la substance et n'avez pas la science. On trompera toujours votre bonne foi, en vous persuadant que vous allez manger la poule en fraternité ; les querelles civiles terminées, on vous tourne le dos et vous mangez des haricots comme auparavant, sans rien posséder.

C'est ce qui a toujours existé avec les modifications amenées par les mœurs de chaque époque ; mais comme la chose peut aller jusqu'à la tyrannie, alors le peuple se révolte, conduit par un opposant, opulent démagogue, et renverse les excès. Mais le particulier ne doit jamais heurter la société ; celle-ci punit sans instruire. Tout clairvoyant doit être soumis à sa destinée, et attendre que la tête tourne. Si pour soutenir la société on vous démocratise, ne criez pas ; le peuple est roi, vous n'aurez jamais le temps de vous asseoir sur le trône, et, manquant de savoir, si vous commettez quelque déréglement, il y aura toujours assez de vengeances pour que vous n'échappiez pas au tribunal de la conscience publique. La justice défend toute violence à la volonté d'autrui , et si l'on est d'accord, il n'est pas besoin de tribunal : les avocats sont inutiles.

TROISIÈME OBSERVATION

LA SCIENCE

On appelle science, les connaissances claires tirées des plus grands génies qui sont venus avant nous. Pour retenir plus facilement les idées, les hommes ont pris des marques : ainsi les Egyptiens avaient des hiéroglyphes qui représentaient des idées plus générales qu'à présent , comme, par exemple , l'arche, le déluge ; la prudence , qui à elle seule règle la conduite des hommes, était représentée par le serpent, que les Juifs voulaient adorer. Moïse le leur défendit, voyant qu'ils adoraient la marque comme un dieu, et ignoraient l'essentiel.

De nos jours, les marques sont des mots dont chacun n'a qu'un sens qu'il faut comprendre pour ne pas être ignorant. Ainsi pour expliquer la salutation, on emploie plusieurs mots : bonjour , bonne fortune, bonne santé; bon voyage ou adieu, à celui qui part; au revoir, à celui qui reste ; entre amis , au plaisir , est un bon salut; mais dans notre siècle on lui donne un sens un peu libertin, surtout s'il s'adresse au beau sexe. Je vous présente mes respects est mieux ; un simple signe de salut peut suffire. Pour parler purement, et ainsi faire protéger ses droits par ceux qui interprètent les lois, il faut bien connaître et la structure et le sens des mots, d'abord au propre, puis au figuré, dans l'éloquence et jusqu'à l'ironie, qui consiste à comprendre le contraire de ce qui est dit. Savoir ce que parler veut dire , c'est entendre ceux avec lesquels on est en relation, être initié aux idées que leurs mots représentent.

Quand on comprend bien les mots, on peut exprimer ses idées et les faire comprendre sans que les censeurs vous accusent d'emprunt. Il faut cependant une certaine vocation au savoir pour retirer de l'étude les bénéfices qui en découlent; autrement, étudier sans rien apprendre , c'est perdre son temps. Si vous n'avez pas la force d'esprit pour vous observer , vous connaî-tre et acquérir le vouloir , vous ne pourrez acquérir l'or que la science amène ; car vouloir le savoir , c'est la première vertu , la richesse n'est que la seconde ; le son de l'or n'a pas la puissance du son de la voix de celui qui sait unir sa pensée à l'es-prit général, et ne s'exprime pas en termes vulgaires d'un même village où les trois quarts des phrases sont sous-entendues ; car ce sont les mots qui forment les arguments raisonnables, et le peu-ple prend ces raisons en idoles adorées , quoique dans le fait ce ne soit que des jeux de mots. Mais les ignorants s'y perdent , et vivent en bornant leurs désirs et modérant leurs actions. L'essen-tiel est qu'ils aient en eux le sage sentiment de la philosophie : avec cela, vous n'auriez appris ni latin, ni grec, ni langue étran-gère , vous pourriez distinguer le vrai du faux. On appelle vrai , les choses appartenant à des règles, comme, par exemple, la jus-tice. Ainsi nous avons le sentiment de l'amitié, qui nous vient de la conscience , qui forme la justice , l'équité, bien entendu avec nos semblables en sympathie.

L'autre vérité, c'est la justice qui nous vient de nos mœurs, et ces mœurs nous donnent des lois qui sont les lois de la démocra-tie; au contraire, les lois qui nous donnent des mœurs sont les lois de l'aristocratie.

Les uns et les autres, nous courons tous après la fortune : ceux-ci en travaillant, ceux-là en faisant travailler. Tant pis pour ceux qui ne savent pas courir, et s'amusent à célébrer les fêtes mysti-ques en buvant et mangeant, s'accoutumant au plaisir du goût du vin, tandis que l'eau qui est si naturelle pour calmer la soif, leur semble indigne et misérable. Si au contarire ils célébraient le jour où quelque connaissance leur assure un travail indépendant et la subsistance pour toute leur vie , ils auraient , en outre, l'avantage de n'être pas méprisés de ceux qui sont venus au monde dans un club de savoir. C'est par la science que les hom-mes doivent commencer pour arriver à la véritable raison ; l'igno-rance provient du manque d'exercice des facultés et fait rester idiot toute la vie.

Si vous ne pouvez puiser le savoir dans les écoles , faites de votre tête un jardin : cultivez vos propres idées, et, j'en suis sûr, votre jardin produira les mêmes fruits que d'autres. En vertu du proverbe : « Aide-toi, le ciel t'aidera ,» puisez dans les connaissances qui font l'essence de l'homme , et alors, ne seriez-vous qu'un ouvrier, qu'une machine, vous pouvez lever la tête et vous dire hardiment que vous êtes homme , secouer la dépendance , essayer même votre génie dans les affaires et mériter l'estime publique, pourvu que vous ayez le sentiment de l'honneur.

En effet, si dans une affaire vous perdez une valeur numéraire, vous pouvez la recouvrer dans une autre , tandis que si vous avez perdu l'honneur, c'est pour la vie. L'infame , marchant à reculons de la fortune, s'est rendu l'esclave de la force publique , et porte le mépris sur le front.

La vie est une école pour qui n'est pas sot : on y apprend toujours qu'il vaut mieux faire comme nous voudrions qu'il nous fût fait, que comme on nous fait si on nous fait mal.

Il n'y a que le savoir qui puisse conserver la fortune , comme il n'y a que le travail pour la procurer. Le savoir est la force d'esprit et le travail la force du corps, et la première subsiste encore et nous soutient quand le corps vieilli a perdu sa souplesse , et ne peut plus suivre la roue de la fortune.

La science est la vertu qui élève un membre d'une famille, pendant que les autres restent au dessous, à des degrés différents, selon le mérite des idées écloses de leur tête , comme les bourgeons de l'arbre ; car tout homme qui n'est pas insensible a quelques idées, et tout homme a une certaine force productive par l'esprit ou par le corps. Celui dont la tête ne produit rien, et dont le corps est adonné à la culture de la terre a son mérite : il fertilise la terre par son travail physique , comme l'autre fertilise les esprits par ses idées.

Mais comme il est impossible de se faire entendre de tous les hommes, dont les sentiments sont si différents, chacun se donne un principe de raisonnement, vrai ou faux, selon ses lumières , et ne prête qu'une attention distraite aux raisonnements d'autrui. Il faut donc parler peu et méditer beaucoup, afin d'éviter les mauvais chemins, et vous vous tirerez sain et sauf de la lutte que se livrent sans cesse ceux qui, par la menace ou par le luxe de leur mobilier ou de leurs vêtements, par leurs prétentions de tout genre, cherchent à se frayer un passage pour arriver à la fortune, induisent en erreur. Il en est des hommes comme des melons : il est difficile de choisir les bons , et si on se fie aux lumières d'autrui pour se conduire , on risque fort de s'égarer.

QUATRIÈME OBSERVATION

LA VERTU

On appelle vertu le respect qu'on se doit entre gens et à soi-même ; mais le respect qui signifie soumission dans les rapports de l'inférieur au supérieur, n'est plus exigé entre égaux : ici cette vertu même, le respect, disparaît. On n'est pas forcé d'être poli envers un égal, comme on est forcé de payer une dette.

La retenue et la convenance sont le respect qu'on se doit à soi-même et qui font que les autres nous respectent. Sans cela on risque d'être dupe aux divers âges de la vie : dans l'enfance, on se plaît à nous conter des fables, et nous sommes le jouet de mille illusions. A 20 ans, au printemps de la vie , gais et badins , nous sommes encore enfants pour l'attention : c'est l'âge des passions, nous n'avons de calcul que pour le plaisir , et cet état se prolonge quelquefois jusqu'à 30 ans. A 40 ans, âge sérieux , le bien et le mal sont plus nettement distingués ; nous devons alors donner le bon exemple de la vertu, pratiquer les choses louables , avoir des sentiments justes et modérés , ne plus céder à nos caprices, ni succomber aux ruses d'autrui ; car si nous ne nous faisions pas respecter, on se permettrait avec nous des familiarités qui dégénéreraient en mépris. Mais si des personnes qui nous sont sympathiques , dans le commerce desquelles nous n'avons qu'à gagner en moralité, comptent sur notre amitié et ont des besoins pressants , il faut venir à leur secours pour les conserver. Soyons loyaux dans nos actions et sans avoir recours à la justice publique, si c'est possible ; car les jugements sont incertains. Si nous avons des procès, que les preuves de notre droit soient doubles, et même alors nous risquons de ne faire gagner que nos hommes d'affaires.

L'intérêt étant le pivot des actions humaines, les vrais amis se reconnaissent quand l'intérêt est le même dans les diverses circonstances de la vie : frères, compagnons d'armes, époux, associés pour une entreprise, sympathie ou estime réciproque. L'amitié se gagne aussi aussi par des libéralités ; mais acquise ainsi, et sans mesure, elle est trompeuse ; il faut donc, pour éviter l'erreur, ne donner qu'à chacun sa part, ce qu'il mérite : mieux vaut encore peu de civilités et plus de franchise.

En tout, il faut de la modération : c'est trop de tout croire, et aussi de ne rien croire qu'avec preuves. Trop de bonté rend dupe des intriguants qui s'insinuent dans nos secrets par des questions indiscrètes. Les hommes non éclairés sont dupes en accordant aux autres la franchise qu'ils ont eux-mêmes.

Il est difficile de reconnaître les intrigants, le passé ne sert guère de tableau que pour les hommes en général ; un particulier peut faire une profession de foi à la mode du temps et appropriée à son âge, à sa fortune ; chaque dix ans, le moral peut se renouveler, comme le physique : l'opinion peut varier de dix ans en dix ans. C'est pour cela que nous devons, entre parents et amis, nous revoir au moins chaque dix ans pour nous reconnaî-tre, car nous nous les représentons tels qu'ils étaient à notre dernière entrevue. C'est pour cela qu'il ne faut pas se fier à la conduite au dessus de dix ans pour les opinions : il se peut qu'à quarante ans, on soit près du certain et à cinquante près du doute, ou près du doute à quarante ans et du certain à cinquante.

Ainsi, défiez-vous de vous-même et de certaines démonstrations que vous pourriez prendre pour de la bonne amitié, tandis qu'elles sont inspirées par l'intérêt. Jugez les hommes par leurs actions de longtemps : la figure étant le miroir de l'âme, on peut aussi s'aider de l'examen des traits du visage qui distinguent l'homme raisonnable de l'imbécille qui ne sait pas même demander son nécessaire.

CINQUIÈME OBSERVATION

LA VANITÉ

On appelle luxe ce qui est au dessus du nécessaire , le superflu, qui fait l'homme riche , comme le manque du nécessaire fait
le pauvre, lorsque son savoir ne peut le lui acquérir. Ainsi de
beaux habits font supposer la fortune, comme la fortune fait supposer le savoir. Des vêtements sales et en mauvais état font supposer la misère , la misère le manque de savoir, qui fait supposer
le manque de nécessaire. C'est ce qui fait courir la police après
les mal habillés étrangers.

Le travail du corps et celui de l'esprit mènent à la fortune , au
superflu. Tout le monde veut paraître considérable ; voilà la vanité : chez l'un par de beaux édifices , chez l'autre par de beaux
meubles , chez celui-ci par de l'esprit, chez celui-là, comme Ti-
mon d'Athènes, par les repas ; le peuple entier , par de beaux
vêtements, au mépris de cette belle vertu , l'épargne , qui nous
empêche d'être plus tard dans la misère. Quelques-uns sont or-
gueilleux de leur position ou de leur naissance : ils sont méprisa-
bles.

Se distinguer par le luxe des habillements est pardonnable : c'est
la prérogative des riches qui, en naissant, ont trouvé les moyens
d'entretenir leur luxe. Mais les parvenus ne cherchent par là
qu'à s'attirer de la considération, la jeunesse à faire valoir ses
avantages, et l'un pour l'autre, on pousse la vanité jusqu'à se rui-
ner ou à se laisser blesser l'amour propre. Qu'un de ceux qui sont
en place , un gouverneur de province, par exemple, porte un cha-
peau blanc ou noir, de telle ou telle forme, aussitôt les plus gros
singes feront comme lui, et ainsi jusqu'au dernier du peuple.
Nous courons tous après le luxe, qui n'est qu'un besoin vaniteux,
qui finit par devenir nécessaire et fait enfin le malheur de tous

ceux qui n'ont point de superflu. Malheur à ceux qui, ne se suffisant pas, veulent imiter les riches, mettent la peau du renard sans en avoir la finesse. Quand cette impulsion est donnée dans un Etat , elle se communique aux autres puissances. Il faudrait une règle générale, prescrivant la simplicité : elle favoriserait la fraternité qui nous vient du ciel. On doit se garder pourtant de l'excès contraire, qui consiste à être avare : ceux qui, ayant les moyens, ne font pas le nécessaire, tombent dans l'avarice.

SIXIÈME OBSERVATION

LE TRAVAIL

L'homme , étant doué de l'action par sa nature , doit occuper son temps à travailler , afin de satisfaire ses divers besoins : la faim du corps , et tout le luxe qui lui plaît. C'est une chose respectable que le travail : il faut travailler pour vivre , et non vivre pour travailler , comme l'esclave ou un fou avare. Malade et sans faim, on ne doit pas travailler, mais quand on a la santé , il faut vaincre la nature par les peines et les attentions que nous appelons travail. Sans le travail, rien ne réussit : il n'y aurait ni vêtements, ni maisons, ni terres défrichées, ni possessions, ni propriété, ni lois pour les régler.

Si de naissance vous êtes pauvres, vous pouvez vous élever par le travail. Choisissez le travail le plus lucratif, si vous pouvez le comprendre, et faites-vous bien payer ; mais n'oubliez pas qu'un travail non compris est inutile. On sacrifie en vain son temps et son argent quand on les emploie à une œuvre qu'on ne connaît point, et on est alors obligé de se faire patroner par un autre plus habile à qui profitent nos sueurs.

Le travail et le savoir, s'ils sont accompagnés de la bonne

santé, et utilisés, mènent aux honneurs et à la fortune. Sans doute on n'acquiert les maisons et les champs que par une lutte de ruses, mais la principale règle doit toujours être la bonne foi entre parties; et cependant il est bon de ne traiter les affaires que devant témoins, afin que si quelqu'un est de mauvaise foi, on puisse le traduire devant le juge de paix qui représente la force publique.

Nous avons tous le sentiment de l'honneur; mais quelques-uns ne le regardent que comme une fumée sortant de la bouche d'autrui, ne visent qu'à l'intérêt et cherchent à faire porter la besace à autrui. Il faut aussi, entre le riche et le pauvre qui travaille pour le riche, qu'il y ait accord de salaire; car toute fortune est censée acquise par le travail. Sans cela elle serait injustement acquise et ne mériterait pas respect, comme celle qui a l'ombre d'avoir été ravie par manque de parole ou par fourberie.

Conduis-toi bien; réfléchis que celui qui fait ton travail est ton créancier; veille à ce qu'il ne fasse pas payer trop cher son travail soit à forfait, soit à la journée; qu'il produise l'argent qu'il reçoit. Relativement au choix d'un état, n'oublie pas qu'on connaît mieux celui dont on a fait apprentissage dès sa jeunesse. Tel père, tel fils, dit-on. Ganganelly et Bonaparte étaient fils de notaire, état qui demande de l'instruction et de l'intelligence: tous deux ont excellé par l'instruction et l'intelligence.

Il faut répéter que le travail ne doit se faire que quand on a la santé pour manger, et que la meilleure fortune, c'est la santé.

SEPTIÈME OBSERVATION

LE COMMERCE

Tout est commerce dans le monde; il consiste à céder son bien au moyen d'un accord : la grisette même cède sa vertu, la prude se réserve afin de mieux faire, et comme le riche achète le travail du pauvre , le fainéant vend son travail très cher. Mais pour tirer un profit des ventes, il faut connaître le monde : dans le commerce on a affaire avec toute qualité d'hommes ; il faut les étudier, connaître les sentiments qui les animent, afin de n'être pas dupé , comme un innocent, lorsqu'on va faire ses achats ou ses ventes ; bien retenir que le public veut acheter bon marché et le négociant vendre cher.

Pour réussir dans la profession de commerçant , trois choses sont nécessaires : 1° la position du magasin dans une grande ville et un quartier fréquenté où l'on peut trouver des clients, tandis que, dans les mauvais quartiers, il faut que la renommée du magasin se soit colportée , grâce à votre capacité et à votre conduite ; 2° la beauté du magasin , laquelle consiste en beaucoup de marchandises propres au commerce, prises à bonne source : le grand étalage est le grand signe muet; il faut aussi pour ses achats avoir de l'argent et ne pas recourir aux escompteurs ; 3° ne pas se laisser tromper, afin de ne pas tromper. Ce n'est pas en trompant qu'on devient riche, mais en ne pas se laissant tromper : par là on a toute sécurité pour soi-même et on inspire confiance aux autres. Ce n'est rien de se croire fin , c'est beaucoup d'être respectable aux yeux de ses clients. Celui qui ment pour vivre est un homme taré, qui suppose à tout le monde mauvaise foi. Un marchand que le public honore est heureux ; car le public est comme les petites rivières qui font les grands fleuves.

Il faut donc se présenter bien ou se faire représenter par des commis d'un bon sens. On voit des commis qui , étant courtiers en gros et tenant des dépôts de très grands négociants , deviennent riches, parce qu'ils étaient doués de sagacité et ne divisaient pas leur profit avec tant d'autres commis. Pourquoi y a-t-il de grands commerces ? Parce que ceux qui sont petits et gagnent le nécessaire veulent avoir le superflu : or, avec un petit commerce, on ne peut pas acquérir à si gros flot.

Prêter ou donner à crédit, c'est la même chose. Si vous prêtez à un client pauvre , c'est sur sa foi, car vous n'avez pas de garantie légale pour le poursuivre , s'il est de mauvaise foi. Choisissez donc vos clients comme des amis , pour qu'ils ne vous donnent pas en paiement du temps ou des raisons , mais de bonnes espèces sonnantes. Et nous devons avoir pour amis ceux qui nous font travailler et nous paient ; ceux qui ne paient pas sont nos ennemis, ils nous font dupes : or , le besoin du marchand créancier, c'est son argent. Ce n'est que le besoin de l'un à l'autre qui fait aller le commerce.

HUITIÈME OBSERVATION

LA MÉDECINE

La volonté de l'homme doit s'entendre avec son physique : il faut qu'il connaisse son tempérament avant d'appliquer sa volonté. Si nous ne nous connaissons pas , comment un médecin nous connaîtra-t-il ? Malgré toute sa science, le médecin ne fera pas mentir le proverbe : « Qu'un sot, dans ses affaires, en sait plus qu'un procureur aux affaires d'autrui ».

Plus un homme se livre aux voluptés, plus il a besoin d'un ordinaire exquis , car elles irritent le sang plus qu'un travail très pénible ; mais pour rétablir les excès de plaisirs ou de peines, il a fallu de tout temps des médecins qui conduisent le corps au tombeau , ou des consolateurs , comme le pasteur qui conduit l'âme au ciel ; mais l'un et l'autre ne peuvent rien contre les lois de la nature.

Souvent deux moribonds, l'un de plaisirs, l'autre de peines, se sont condamnés en ne pas respectant leur corps , et sur tant d'innombrables maladies, comment le médecin peut-il arrêter les progrès si vous ne connaissez pas les causes ? Il faut tenir compte de l'âge : le médecin opère mieux sur un jeune que sur un vieux. Le mal du vieux peut se guérir par la vertu ; chez le jeune, la force de la nature emporte le mal sans tourmenter le corps. En outre , la cause du mal est souvent morale , et les médecins n'ont pas toujours assez de sagacité pour la découvrir et ordonner des re-

mèdes appropriés à ce mal , tels que la tranquillité , des adoucissants , etc. Selon les symptômes du mal et l'intelligence du malade , on peut étudier la nature de la maladie et la soigner soi-
même ; mais si le malade ne veut pas faire cette étude , et se croit
incapable de comprendre son tempérament , alors il faut bien
avoir recours à un homme qui , par ses études et la renommée
qu'elles lui ont acquise, inspire confiance et gagne de forts honoraires.

Parmi les médecins, il en est qui ne doivent leur réputation
qu'au luxe de leurs habillements , à la réserve de leurs paroles,
à un vain étalage de grands mots ; mais, dans le fond, la plupart
sont honorables , au lieu de suivre la routine, ce qui serait plus
commode , s'étant voués à l'étude si compliquée de notre nature,
qu'un rien peut détraquer.

Selon Hippocrate , la nature est le vrai médecin : c'est elle qui
nous fait prendre les aliments qui soutiennent et fortifient le corps,
elle qui nous commande l'action et le repos ; mais si pour rectifier l'ouvrage de Dieu vous avez besoin d'un homme médecin, accordez de préférence votre confiance à celui qui, au lieu de vous
droguer vous conseille la promenade et les récréations, pour traverser les saisons d'hiver, pour résister aux émanations des
mois chauds, à l'humidité et au froid des autres. Enfin, que votre
pot-au-feu soit votre médecin. Voltaire a dit que tout homme qui
se sert de son esprit peut se passer de médecin. D'ailleurs , le
médecin conseille souvent des remèdes qui frappent la bourse,
et il y a des maladies à la fois du corps et de la bourse qui ne peuvent se procurer ces remèdes. Quelquefois aussi le médecin, pour
vous guérir , emploie des moyens énergiques qui révolutionnent
le corps, s'il y résiste, et vous font passer vite dans l'autre monde,
s'il n'a pas la force de les supporter.

NEUVIÈME OBSERVATION

SOUMISSION A LA DESTINÉE

On appelle destin les causes cachées dont les conséquences sont inévitables. Pour changer son destin, il faut être pénétrant (ce qu'on appellait autrefois devin, sorcier), se refaire soi-même , en quelque sorte , et ne pas vivre au hasard, qui nous entretient dans la folie.

Quel destin cruel que celui de l'enfant qui , naissant au milieu d'une sociéte que les dormants (morts) ont enrichie de toutes les commodités, reste misérable, privé de tout, n'est éclairé que par la lumière vacillante d'autrui, et non par ce soleil qui est la vérité naturelle, qui vivifie tout ! Il s'ignore soi-même et ne peut se soustraire à l'influence de ce destin malheureux, si sa persévérance ne lui crée point une nouvelle destinée. Tandis que l'amitié de riches peut être accompagnée de bienfaits , le pauvre n'offre qu'une amitié misérable. Toute femme qui épouse un malheureux se plaint de sa destinée, et le malheureux, d'ordinaire , ne peut fréquenter que des amis stériles qui ne peuvent pas payer leur écot.

Les pauvres ont l'instinct de comprendre leur insuffisance ; ils restent timides toute leur vie, sans trop savoir si c'est de l'enthousiasme ou du respect qu'ils ont pour les gens à voiture. Mais s'ils reconnaissent que la vertu rend les hommes égaux , ils se voient comme les autres sous la voûte céleste.

Enfant né d'un père pauvre, console-toi : devant la force du droit ou le droit de la force, il n'y a point de résistance : il faut la respecter ou la craindre, ne s'amuser jamais de ce qu'on craint. Ces hommes qui ne glanent point , sont des hommes éminents :

ils ne forment qu'un corps , eux et leur fortune ; si quelqu'un leur arrache un cheveu de leur fortune , ils vont vite se plaindre du tort qui leur est fait , et le pauvre, s'il est coupable , est puni par le mépris, qui est l'ennemi de tout le genre humain.

Ainsi le sage s'efforce d'acquérir le savoir peu à peu et de voyager gaîment dans les choses utiles ; car les plaisirs des sens sont pour les enfants qui ont le temps de becqueter , tandis que pour les hommes, chaque plaisir de ce genre est souvent un pas vers le mal. Par le savoir, on s'élève , le niveau s'établit , la moralité se développe : ceux qui ont viennent un peu en aide aux deshérités ; la duperie , le vol disparaissent, et la soumission à la destinée , tout en cherchant honnêtement à l'améliorer par le travail, l'étude et la réflexion , est la source de l'estime publique, de la conscience tranquille et du bonheur.

TABLE

Nîmes. — Typographie CLAVEL-BALLIVET et Ce, rue Pradier, 12.